헬로가 필요한 사람에게

위로가 필요한 사람에게

초판 1쇄 인쇄   2025년 04월 11일
초판 1쇄 발행   2025년 04월 28일

신고번호   제313-2010-376호
등록번호   105-91-58839

지은이   달민지

발행처   보민출판사
발행인   김국환
기획   김선희
편집   현경보
디자인   다인디자인

주소   경기도 파주시 해올로 11, 우미린더퍼스트@ 상가 2동 109호
전화   070-8615-7449
사이트   www.bominbook.com

ISBN   979-11-6957-332-0   03810

• 가격은 뒤표지에 있으며, 파본은 구입하신 서점에서 교환해드립니다.
• 이 책은 저작권법에 의하여 보호를 받는 저작물이므로 무단 전재와
  복사를 금합니다.

위로가
필요한
사람에게

달민지 지음

내 맘대로 울지도 못하게 하는 이 독한 세상에서
나는 오늘도 눈물을 흘리는 약한 사람이야

보민출판사

추천사

　누구나 한 번쯤은 위로가 필요하다. 살아가면서 지친 순간, 내 마음을 알아주는 이가 없다고 느낄 때, 혹은 설명할 수 없는 막막함이 가슴을 채울 때, 우리는 위로를 갈구한다. 달민지 작가의 『위로가 필요한 사람에게』는 그러한 순간들을 포착하고, 잔잔한 언어로 마음을 어루만지는 책이다.

　이 책에는 눈물을 삼키며 살아가는 이들을 위한 문장이 가득하다. '내 맘대로 울지도 못하게 하는 이 독한 세상에서 / 나는 오늘도 눈물을 흘리는 약한 사람이야'라는 구절에서 알 수 있듯, 작가는 자신의 감정을 숨기지 않는다. 슬픔을 부끄러워하지 않고, 오히려 있는 그대로 마주 보며 그것을 언어로 풀어낸다. 이러한 솔직함이야말로 이 책이 독자에게 깊이 스며드는 가장 큰 이유이다.

　책은 크게 제10부로 나뉘어졌다. 제1부 '옆에 있어 주는 사람'에서는 외로움 속에서도 곁에 머물러 주는 이의 소중함을, 제2부 '미숙한 꽃'에서는 아직 성장 중인 우리의 모습을 이야기한다. 제3부 '상처'와 제4부 '방황하는 우리'에서는 삶이 주는 고통과 혼란을 직시하며, 제5부 '누군가의 위로'에서는 그러한 아픔 속에서도 빛이 되는 존재를 찾는다. 특히 제6부 '눈물, 흘려도 괜찮아'에서는 울음을 참아야 한다고 강요하는 세상 속에서 눈물의 의미를 다시금 생각하게 만든다. 우리는 모두 울어도 되는 존재라는 사실을 상기시키며, 독자들에게 감정을 억누르지 않아도 된다는 메시지를 전한다.

이 책을 읽으며 무엇보다 인상적인 점은 저자의 위로 방식이다. 단순히 "괜찮아"라고 말하는 것이 아니라, 독자와 함께 아파하고, 슬퍼하고, 고민하며 끝내 "힘내"라고 다독인다. 이는 마치 친구가 옆에서 조용히 손을 잡아주는 것과 같다. 특별한 미사여구 없이도 이 책이 주는 위로가 깊은 이유는 바로 여기에 있다.

이 책은 중고등학생뿐만 아니라 모든 연령층이 공감할 수 있는 이야기로 채워져 있다. 진로에 대한 고민, 인간관계에서 오는 상처, 어른이 되어가는 과정에서의 불안함은 누구나 경험하는 감정이다. 저자는 자신의 솔직한 감정을 담담히 풀어내며, 독자들 또한 자신의 마음을 돌아볼 기회를 제공한다. 마음이 지치고 위로가 필요할 때 당장 문제를 해결해 주는 답은 아닐지라도, "너만 그런 게 아니야"라고 다

징하게 이야기해 줄 것이다.

작가는 『위로가 필요한 사람에게』을 통해 독자들에게 흔들리는 세상 속에서 혼자가 아니라는 안도감과 한 걸음 더 나아갈 힘을 얻게 되길 소망한다. 그리고 그 힘은 세상 어딘가에서 같은 감정을 품고 있는 이들이 서로를 위로하는 따뜻한 손길이며, 우리 모두가 함께 나누는 작은 희망이길 바란다.

2025년 4월

편집위원 **김선희**

작가의 말

이 책은 제가 받은 감정을 제 자신에게 위로받고자, 힘을 내고자 쓴 글이기 때문에 내용이 다른 분들이 보기에 우울하게 느껴질 수도 있지만, 항상 글 끝에는 "수고했어", "힘내"라는 메시지가 담겨 있습니다. 또한 이 책은 저에게 있어 제 소중한 감정이 담긴 위로 그 자체입니다. 여러분들이 이 책에서 많은 위로와 어떻게든 살아가는 우리에게 살아가게 만드는 원동력이 되길 바랍니다.

한편, 이 책을 출간하게 된 계기는 독자 여러분에게 조금이나마 위로가 되기를 바라는 마음이 첫 번째 이유이자 동기입니다. 이 책은 특히 중고등학생들이 많이 공감할 거라 생각이 듭니다. 저 역시 중고등학생 때 진로에 대한 문제, 열등감, 인간관계를 주로 썼지만, 어른들도 살면서 이런 감정을 느낄 때가 있을 겁니다. 모두가 공감하고 위로받는 그때까지 파이팅!

2025년 4월
지은이 **달민지**

목차

추천사   • 4
작가의 말   • 7

제1부 옆에 있어 주는 사람

누군가가   • 13
따뜻한 눈물을 흘리는 이유   • 15
떠나요, 어디든   • 17
그냥 내 곁에 있어 줘   • 18

제2부 미숙한 꽃

아직은 미숙한 나이지만   • 21
어둠 속에 피는 꽃   • 23
벚꽃 짐   • 24
서투름과 미숙함   • 25
마주 보지 못하는   • 27
인생의 봄에 활짝 꽃을   • 28

제3부 상처

무심함이 주는 상처들에 대해서 • 31

말이 때론 상처가 될 때 • 33

약한 사람 • 34

노래가 주는 위로 • 36

나는 나를 위해 위로하고 있어 • 37

제4부 방황하는 우리

방황하고 방황하는 나그네의 삶은 • 40

언젠가, 늦더라도 • 41

어른이 되고 싶지 않아 • 43

꿈 • 44

신기루 같은 꿈 • 46

현실도피 하는 아이 • 49

모르는 상태로 살아가 • 51

나아가고 싶어서 • 53

제5부 누군가의 위로

잊지 않을게요 • 56

한숨 • 58

있잖아, 그런 날 • 61

쉽게 사라지진 않는다 해도 • 63

너에게 전하고픈 말 • 65

언젠가 그날이 오게 되면 • 68

더 나은 미래가 있기를 • 70

제6부 눈물, 흘려도 괜찮아

눈물	•73
내 자신아, 날 좀 위로해 주면 안 되겠니	•75
슬픔을 억누를 수 없을 때	•77
억지로 웃을 필요 없어	•80
눈물은 마음의 약함	•82
눈물뿐이라 죄송해요	•84
이젠, 어린애가 아니니깐	•86
나잇값을 못하는 어른이 되어가고 있어	•88
여름의 눈물	•90
울고 싶을 때, 울어도 돼요	•92

제7부 인간관계에 지친 너에게

관계 속에 나는	•95
시선들	•97
낯가림의 소녀	•99
세상에 아무도 내 편이 없을 것 같을 때	•102
간섭 속에서	•105
힘낼 거야	•106

제8부 무기력과 우울함

무기력해	•109
갑자기 시작된 우울은	•111
내가 이상한 걸까	•113
자기감정 컨트롤	•115
강한 사람	•117

아메리카노의 우울	•119
행복한 상태	•123
수동적 인생을 살아가는 로봇처럼	•125
열등감과 자괴감이 들 때면	•127
모르는 걸 물어본다는 게	•129

제9부 하늘이 주는 위로

밤하늘 씨에게 인사를 건네고	•132
이쁜 하늘	•133
봄비	•134
달과 별	•136
Rain Rain 여름비	•138

제10부 살아가야만 해

살아가 줬으면 해	•140
오늘과 내일을 살아가는 우리들은	•143
내 삶의 중심 잡기	•145
오늘 하루도 잘 버틴 그대에게	•148
당신이 살아가야 할 이유는	•150

제1부

옆에 있어 주는 사람

누군가가

누군가가
내 곁에 있다는 것만으로도
나는 힘이 납니다

누군가가
어렴풋이 내 곁에 있다는 걸
알게 될 때
나는 위로가 됩니다

항상 항상
좋은 길만은 있는 건 아니라고
항상 그대가 말했죠

나쁜 길은 언제나
존재하며
악마가 유혹해도
절대 그래도
나쁜 길은 걷지 말라는
그대가 있어 든든해집니다

항상 항상

좋은 일은 일어나지 않는다고
속상해하는 그대에게
알려주고파

나쁜 일이 있으면 좋은 일도
생기게 되기 마련이에요

누군가를 위로하고
누군가를 걱정하는
당신

당신이 내 곁에 있는 것만으로도
세상은 따스한 색으로
물들어 가는 것 같아요

따뜻한 눈물을 흘리는 이유

따뜻한 눈물을 흘리는 이유
그건 마음이 따뜻하다는 증거예요

사람은 뭉클할 때
기쁠 때
슬플 때

언제나 감정은 달라도
내 무의식 어딘가가 뜨거워
눈을 깜박이면
어느새
눈물을 흘리고 있어요

당신은 오늘도
하루에 지쳐
또 눈물을 흘리고 있네요

하지만 그 눈물 속에
따뜻한 그대가 비쳐요

당신이

흘린
그 따뜻한 눈물 속엔
그대의
멋지고도 따스한
꿈이 깃들어 있으니
절대 그 눈물을 부정하지 말아요

그 따뜻한 눈물은
당신을 성장하게 만드는
시련의 한 일부분일 뿐이에요

그 시련의
차갑고도 따스한 눈물을
흘리는 건 누구나 겪는
사춘기 겪는 학생이나
중2병 겪는 학생처럼
당연한 거니
절대 좌절하지 말아요

떠나요, 어디든

떠나요,
어디든

어디든 상관없는 걸요
당신과 있으면 그만인 걸요

어디든
떠나고 싶은 기분이에요

만약 나 혼자
어디론가
훌쩍 떠나면
당신이 슬퍼해 주시려나요

하지만 전 외톨이라서
혼자는 싫으니깐
그러니깐

같이
떠나요, 어디든

그냥 내 곁에 있어 줘

"난 왜 이렇게 살아가는 걸까?"
라고 물어봐도 여전히 답은
"모르겠어…"

나는 눈물을 참으려 애쓰는 게
익숙해졌어
익숙해져 버렸어
익숙해지면 괜찮아질 줄 알았어

근데 참다 보면
병이 생긴다는 말이 있잖아

그 말 틀리진 않은 것 같아
원래 내가 이렇게 눈물 많은 사람이었던가
원래 내가 슬픔에 잘 빠지는 사람이었던가

나 어릴 땐 이러진 않았어
오히려 밝았었지
지금에 비하면 말이지
어째서 나는 이런 사람이고
왜 이렇게 살아가는지

자꾸만 자꾸만…

힘들어져

지쳐가

몸도 마음도

지쳐 울고 싶음을 못 참게 돼버린다 해도

이상하다고만 얘기하지 말아줘…

뭐라고 얘기하지 말아줘

그냥… 묵묵히 내 곁에 있어줘…

제2부

미숙한 꽃

아직은 미숙한 나이지만

아직은 많이
미숙한 나예요

하지만
아직 꽃이 피질 않아서
미숙해 보일 뿐이에요

날씨가
봄처럼 따스해질 때
화사하게
천천히 꽃이
아름답게
피어나는 것처럼

저도 성숙해질 거예요
미숙하고
아직
어리숙한 나이지만

지켜봐 주세요
다듬어 주세요

물을 무럭무럭 주세요

이렇게 어느 꽃 한 송이를
키우는 것처럼
또, 한 송이의 꽃을
보고 싶어 하는
당신이 있다면
난 미숙한 나에서
성숙한 나로 바뀌어 있을 거예요

그때까지
햇살처럼
따스하게
지켜봐 주는 당신이 있어

나는 오늘도
미세하지만
조금씩,
조금씩
성장해 갑니다

어둠 속에 피는 꽃

어둠 속에
피는
꽃송이는

어둠 속에
자신의 내면을
숨기려고

어둠 속에
자신의 꽃을 피우는 거야

아직은
아직은
아무한테도
보여주고 싶지 않은 꽃이야

언젠가
어둠 속에 피는 꽃이
햇살을 듬뿍 받으며
세상에게
사랑을 받는 꽃이 되길 바라고 있어

벚꽃 짐

벚꽃이 너무 일찍 피고 지는 것이
너무 서글프다
생각이 드는 요즘

버스 안에서 바라보는
분홍빛 벚꽃나무를 바라볼 때,
벚꽃이 주는 너무 이쁜 풍경에
나는 넋 놓고 창 밖 너머
벚꽃을 바라보던 게
엊그제 같은데

너무
일찍 피어버린 탓일까…?
요즘은 벚꽃이 다 지었다
봄인데 날씨는 춥기만 하고
'봄이 벌써 끝나버린 것만 같다…'

겨울 같은 꽃샘추위는
빨리 가버리고
다시 따스한 봄이 오면 좋겠다

서투름과 미숙함

서투르고 미숙한 내가
'싫다…'
라며
"하… 아…"
깊은 한숨을 내쉰다

내가 서투르고 미숙한 모습을
사람들한테 보여주면
사람들은 싫어한다
나도… 이런 내가 싫다

잘하고 싶고,
잘 해내고 싶고
익숙해질 줄 알았다…

하지만… 일은 익숙해지지 않고
너무 힘들고 지쳐간다…

언젠가는
능숙하고
유능하게

밤을 살아가고,
쪼다

마주 보지 못하는

서투르고 미숙하고, 부족한
'나'를 마주하는 게
부끄럽고, 두려워

요즘 일해서 그런지 막,
슬픈 감정은 안 드는 요즘이야

하지만, 내가 너무 미숙해서,
내 자신이 부족한 탓에

쭈그리고 앉아서
수치사 하고 싶은 기분

언젠가는, 잘 해내고 싶어
그때는, 나 자신을 마주할 수 있을까

인생의 봄에 활짝 꽃을

꽃이 되고 싶어
사람들에게
내 좋은 향기와
내 좋은 모습을
세상 사람들에게 보여주고 싶어

아직 나는
작은 아주 작디작은
꽃봉아리에 불과하지만

언젠가 인생에
내 인생에
따스한 봄이 온다면

내 꽃봉아리도
활짝 필 수 있는
인생의 봄이 존재했으면 좋겠어

사람들에게 인정받고 싶은 건
사람의 본능이라 하잖아

나도 한 사람이니깐
꽃이 활짝 필 때쯤
나도 사람들에게 예쁨을 받으며
인정받을 수 있을까…?

그럴 수 있길
바라는 수밖에

그럴 수 있길
기도하는 수밖에

제3부

상처

무심함이 주는 상처들에 대해서

무심함이 주는 상처는 생각보다 아프다
무심하게 말하는 사람이
괜히 싫어지게 되는 사람,
나는 그래도 최선을 다해 노력해도
알아주지 않는 그런
무심한 사람들의
무심함의 상처들

나도 가끔
무심해질 때가 있다

그래서 남들 모르는 사이
관계가 금이 가고
금이 깨지는
유리 같은 무심함에
이런 내 자신도 이런 말 하는 게
웃기게 들리리라

나 자신이 조금은 한심하기 그지없다
하지만 사람은 그런 것에
쉽게 상처받는 게 사람일지도 모른다

사람들은 모두
외로운 존재인
애정결핍자인 거다

그래서 무심한 말보단
따스한 말이
무엇보다 필요한 그대에게
사랑이 담긴 말을 전해주고파
"그래, 너는 오늘도 예쁘다"

말이 때론 상처가 될 때

말이 때론 상처가 생기기도 한다
무심결에 툭 하고 말하다가

타인에게도
가족에게도,
때론
친구에게도
상처를 줄 수 있다는 걸 알아줬으면 좋겠다…

누구나 사소한 말로 인해 상처받을 수도 있다
그러니깐
상처 입지 않는 따뜻한 말 한마디가
필요한 이 세상에서

따뜻한 말
한마디 한마디
말해보자

말 한마디 때문에
세상 사람들이 속상해서
우는 일은 없었으면 좋겠다

약한 사람

차라리 감정이 없고
애초에 존재하지 않았다면
난 슬픔을 느껴 울지 않았을 텐데
난 왜 잔소리가 내 마음을 아프게 하는지 모르겠어
그냥 눈물이 나와 버리는 걸

나도 모르게 눈물이 나서
이 감정을 어떻게 해야 할지 모르겠어서
난 방황하고 있어

아빠 말이 다 맞아서
난 반박할 수가 없어

차라리 독하게
눈물 없이
살아가는 게
인생에서 살아가는 방법이라는데

난 내가 이제 거의 성인이 되어간다는 게
믿기지 않아
믿고 싶지도 않고

"졸업한 후에 어떻게 살아가야 하는지"
라는 불안함, 초조함
그 중간에서
나는 살아가고 있어

내 맘대로 울지도 못하게 하는 이 독한 세상에서
나는 오늘도 눈물을 흘리는
약한 사람이야

노래가 주는 위로

힘들 때마다 노래를 듣곤 해
노래가사 한마디 한마디가
나를 위로하는 듯이
노래하고 있는 것 같아

노래가사가
내 이야기만 같아서
조용히
노랫소리에 귀 기울이며 듣고 있어

하루하루가 마냥 힘들고 지쳐서
그대로 포기하고
털썩 주저앉아 울어도
아무 소용이 없는 걸
단지 넌 위로받고 싶을 뿐이잖아

"음악과 만나서 다행이라고 생각해"
"음악에게 구원받은 적이 있었으니깐"

나는 나를 위해 위로하고 있어

요즘은 막 우울하거나
요즘은 막 슬픈 감정이 들지 않아

나는 하루하루
그냥 살아가고
살아가려 해

하지만 내가 방학이라 우울하지 않은 건가
의문이 들어,
다시 또 우울해질까봐
다시 슬픔에 젖을까봐
벌써부터 겁나

세상이 아무도
내 슬픔 따위,
눈물 따위 관심 없어 하니깐

비록 알아주지 않지만
나는,
나를 위로하려고 글을 쓰는 것 같아

나는 아는 노래가사 중에 이게 제일 와닿았어
"내 편 없는 세상에서 내 편은 오직 나뿐이라는 걸"
맞는 말이야

나는 이 외로운 세상에 살고 있지만
내가 나를 위로해 주지 않으면
이 세상을 살아갈 수가 없어서

나는 그래서
지금도,
나를 위해 글을 써

제4부

방황하는 우리

방황하고 방황하는 나그네의 삶은

방황하고 또 방황하며
나 자신이 누구인지
깨닫기 위해
여행하는 나그네는

오늘도 걸으며,
방황하며
'나'를 찾고 있다

나그네의 방황하는 삶은
오늘도
'나'를 찾고 있다

언젠가, 늦더라도

세상 사람들은 말한다
"꿈이 뭐니…?"
어릴 때의 난 세상 물정 모르고
무작정 되고 싶은 미래의 나를 말했다

그렇게 생각하니…
그 어릴 때 꿨던 나의 꿈들은
허상뿐이었던 걸까…

어느 순간부터 나는…
진로라고 말하는, 흔히 말하는 내 꿈…

초등학교 땐 참 꿈이 많았다
관심과 흥미만으로 그렇게 꿈이 이루어진다는
멍청하고 어리석은 생각을 했었던 나날들

난… 지금도…
"너의 꿈이 뭐야…?"
"진로는 정했어…?"
이런 말들이 너무 싫어지기 시작했다

왜 나는, 우리들은
자라면서 꿈이 사라져 간다
그게 느껴질 때마다
서글퍼진다

내가 올라가기엔 꿈은
너무나 높은 장벽에 불과하다
오르러 갈 때마다
구르고 구르고 넘어지다가 일어나 보면
장벽은 더 커져만 갔다

난 빨리 진로를 정하라는 말이
너무 날 숨 막히게 조여 온다
난 아직 못 정한 불확실한 진로를
다른 애들은 하나둘씩 정하는데
난 그때마다 나 자신이 한심하면서 초라하다

나도… 언젠가… 늦더라도…
나의 진로 찾을 수 있길

어른이 되고 싶지 않아

좀 있으면 고3이 되네
왜 이렇게 시간이 빠른 거야
초조하고 두려워

벌써부터 성적 얘기에 거부감에 토할 것 같아
내가 남들보다 머리 안 좋은걸
기술 배우라는 부모님과 아직 불안정한 내 미래
너무 두렵고 무서워
뭘 어떻게 해야 하는지 모르겠는걸

너무 스트레스를 주잖아
자꾸만 눈물이 나오잖아
어른이 되고 싶지 않아
불안정한 미래의 어른이 되고 싶지 않아

공부 못하는 것이 죄는 아닌데
성적순이 곧 행복도 아닌데
나는 이렇게 중얼거리며
울고 있어

꿈

꿈이란 게 뭘까
우리들은 살아가면서
모두들 당연하다는 듯이
꿈을 가져

내가 되고 싶은
내 모습을 전혀 모르겠어
어릴 때의 꿈은 이미
사라져 버린 지 오래야

너희들은 꿈이 있으니깐
목표가 있으니깐
그렇게 노력하고, 노력하며
너의 꿈을 실현하려는 거 멋지고
한편으론 부럽다는 생각밖에 안 들어

점점 초조해져
내 진로도,
내 꿈도

난 아직 불안정한 존재야

그의 나에게
몸이 아얐으면 좋겠어

신기루 같은 꿈

있지…
나는 고등학교 땐
꿈을 가지는 게 어려워서 방황했지

사실 조금은 앞으로의 미래가
불안정하고 두렵긴 해

있지…
철없던 어린 시절엔
무한한 꿈을 꿀 수 있었어

화가라든지 만화가,
웹툰작가, 사진작가, 시인, 소설작가가
되고 싶었던 이유는 단순해
단지 내가 좋아하는 거니깐

그림을 그리는 걸 좋아하고
만화를 좋아했고
웹툰 또한 재밌고 좋으니깐

사진작가는 그냥 뭔가를

사진으로 찍는다는 게 멋있었고
시 쓰는 걸 좋아했고
소설을 좋아하니깐

동기는 되게 단순한데도
나의 꿈이 깃든
그런 오아시스 같은 신기루 같은 꿈

지금은 신기루에서 깬 지 오래야…
우린 신기루 같은 환상 속이 아닌
현실을 살아가니깐

현실과 타협하면서
자기합리화하면서
우리는 현실을 순응하며
이 세상을 살아가는 걸지도 몰라

그래도 아직, 꿈을 꾸고 있는 자는
언젠가 이루어지면 좋겠어

그만큼 노력하는 너니깐

계속 꿈이 이어지고 꾸는 가지지
그럼 나는 정말 미안하고 후회하기도 해

현실도피 하는 아이

항상 현실도피 하며 도망갔었어
도망쳐도 소용없다는 걸 알아
알고 있어

알고 있지만
자꾸만 자꾸만
현실 세계에서 벗어나고 싶었을 뿐이라는 건
그저 나의 비겁한 변명이겠지

그렇게 도망치고 있었던
어느새
나에게도 현실이라는 세계로 돌아가고 있었어

알고 있었어
알고 있지만
항상 현실 뒤에서 숨고 있었던 내가
현실을 마주하는 너를 바라본다

현실을 마주하는 게 무섭고 두려워
하지만 너는 현실 세계에서
힘들게 버티면서도 웃고 있었어

그 모습을 보며

"나도 지렁게 살 수 있을까."

라는 희망을 가져본다.

모르는 상태로 살아가

여전히,
꿈을 모르는 상태로 살아가
꿈이 있다 한들 그건 이루기 힘들잖아
현실이라는 세계에 우리는 살아가고 있으니깐

나는, 우리는
꿈을 잃고
여전히 우린 숨을 쉬고 살아가

"너의 꿈을 10자 내로 한번 말해주겠니?"
라는 말에
나는
애매하게
"저는 아직 꿈이 없어요…"
라고 답하는 나날들

어릴 때 가볍게 원하는 꿈을 꾸지만
이제는 아니야…

꿈이라는 단어를
진로라고 말을 바꾸면서

우리는 어떤 어른이 될지
이 세상이 어떻게 바뀌어 갈지
아직, 아무도
모르잖아…

이런 걸로 힘들어하고 싶지 않은데,
다른 애들은 목표가 있고 열심히 하는데,
난 목표도 없이 애들 사이에서
난 방황하고만 있어

그냥 꿈이라면 나도 꿀 수 있는데
진로는 직업이니깐
꿈을 꿀 수 없어…

내 진짜 꿈을 모르다는 건,
알 수 없다는 건 괴로운 거야…

나아가고 싶어서

나는 미류나무처럼
하늘을 향해
자라는 미류나무가
문득 부러웠어

하늘은 저렇게 높은데
하늘을 향해 손을 뻗어도
하늘은 내겐
너무 높다는 걸 새삼 깨달아

걷다가 문득
노을에 진 외로운 듯이
혼자 서 있는 나무를 보았어
우울한 나에겐
그 나무가 외로워 보였어

아무도 없는 이곳에서
조용히 서 있는 나무는
나를 닮은 것 같아
동질감을 느껴

앞은 아직 노을로 세상이 밝은데
뒤돌아보면 어둠밖에 안 보여서
나는,
앞으로 나아가려 해

걸음이 살짝 느리더라도
조금씩이라도
나아가고 싶은 맘이야

제5부

누군가의 위로

잊지 않을게요

나는 누군가 향해 글을 쓰고 있어요
난 사실 그 사람을 잘 알지 못했지만
너무 안타까운 마음에,
나는…
그 소식을 접했을 때
너무 놀라 버렸어요

나중에서야 알게 돼서
너무 미안해요…

당신 노래 한번 찾아봤어요
당신 노래를 들어봤어요
노래 너무 좋았는데
이젠… 다신… 당신의 목소리,
당신의 노래를 더 이상 못 듣는 건가요…

나는 이제서야 당신을 알게 된 게
너무나 너무나 후회돼요…

거긴 어떤가요?
거기선 행복하게 살고 있나요…?

악플 없는 세상에서 행복하게 살고 있나요…?

얼마나 그대가 힘들어했을지…
알 것만 같아요…
이젠… 힘들어하지 말아요, 우리
우리, 웃으며 살아요, 이젠…

그대의 아픔과 고통이
쉽게 아물지 않는다는 거
알고 있어요

그대가 죽어버려서…
하늘이 울고 있어요
이 세상 사람들도
그대의 죽음을 눈물 흘리며,
슬픔에 젖고 있어요

우리… 울지 말아요
이제서야 말하면 이상하겠지만
나, 당신을 응원할게요, 당신을 잊지 않을게요

한숨

한숨은 힘들어서 나오는 거래
오늘도 나는 힘겹게
한숨을 깊게 들이마시고
숨을 뱉어

눈물에서 한숨으로 바뀌면
어느 순간 한탄하고 있는 내가 보여

오늘도 방구석 혼자 눈물 흘리면서
한숨을 쉬지
사소한 걸로 요즘 울컥거려
"미칠 것 같아…"

침대에 누워 있으면
속으로 울컥했던 일들이 떠올라서
눈물 꾹 참으며 웃었던 날들이
참… 뭣 같아… 서…

겉으로는 웃고 있지만
사실 마음속은 상처투성이라서
사실은 마음속으론 울고 있었어

내색하지 않게 애써 웃는 게 너무 어려워

학교는 너무 답답해
슬플 때 울 수 없으니깐

항상 미소 뒤엔 눈물 흘리는 사람 있다잖아
그게 나인가봐

울분을 토해내
눈물을 토해내
슬픔을 토해내
한숨을 쉬네

그런데도 아직 마음속은,
헛구역질하는 중
토해낼 게 많아서 그래
"이해해 줘"

힘들 때면 한숨을 쉬어
한숨 쉬어도 괜찮으니깐
그걸로 나의 기분이 만족한다면

그걸로 나의 분이 풀린다면

한숨, 쉬어

글이라는 게 참 신기해

내 감정을 쓰다 보면 조금은 풀어져 있는 게

있잖아, 그런 날

있잖아, 그런 날
괜히 위로받고 싶은 날

있잖아, 그런 날
힘든 거 누군가가 알아줬으면 하는 날

힘들어도,
지쳐가도
하루하루 힘겹게 버텨 가는 중이야

열심히 살아가고 있는데
살아가고 있는데

그런 날, 있잖아
너무 힘들어서 살기 싫어지는 날

애써 밝은 척하는 게 힘들어, 나…
애써 눈물을 참는 게 힘들어, 나…
애써 웃는 것도 지쳐가

금요일,

내일만 버티면 된다고,
힘내라고
누군가 말해주길 바랬었어

"오늘 하루도 고생했었어"
라고,
너에게,
나에게
말하고 싶어

쉽게 사라지진 않는다 해도

사는 게 다들 그래요…
가끔씩 웃고, 울고
기쁘고, 슬프고
때론 우울하기도 하겠죠…

사람들의 가벼운 위로가
우울한 그대에게 닿지 않는다 해도,
세상이 때론 우리를 위해 존재하진 않대요

그래서 그런가 봐요
사람이 좌절하는 것도,
당연한 거고
사람이 슬픔에 잠기는 것도,
당연한 거고
사람이 우울해하는 것도,
당연한 거예요

다양한 이유로
우울에 잠식당하는 그대들에게
우울한 하늘같이, 곧 비가 내릴 것만 같은
당신의 우울함이

밝은 햇살로 다가가
우울한 기분이 증발하듯 사라지면 좋겠어요

물론, 우울이라는 게
쉽게는 사라지진 않는다 해도
조금씩 우울에게서 멀어져 가는 당신이,
보고 싶으니깐요

그리고 우울이라는 형태는 다 가지고 있어요
다만, 어떤 사람들은
자신의 우울이나 기분을
드러내지 않는 사람들도 있겠지만

나의 우울을 털어놔서 조금은,
우울해진 게 조금이나마
나아지는 사람들도 있기 마련이니깐요

하지만 그렇다고,
자신의 우울을 숨기지 말아요
솔직하게 털어놓으면,
들어주는 사람들도 분명, 있을 테니깐요

너에게 전하고픈 말

아무도 내 기분을 몰라주고
내 감정도 알아주지 못한다는 게…
너무 서글퍼서,
눈물이 나와…

그냥… 작은 이해와 위로,
공감을 바랬는데…
힘든 나날
근데 오늘따라, 더 힘든 날…

계절은 겨울인데도…
내 기분은 더워서 땀 나고
비가 와서 더 눅눅하고
짜증과 피로를 쌓는,
그런 여름장마 느낌…

유독, 더욱 어제보다도
급격한 피로감이 날 감싸는 중
가뜩이나 더 힘들고 힘든 하루였는데
나는 그저
"힘들었겠다"

"수고했어"
라는 말을 듣고 싶었을 뿐인데

그저 어둠 속에서 폐가 아플 정도로,
크게 훌쩍훌쩍 울다가
숨을 들이쉬고 내뱉기를 반복하면서
가라앉을 때까지
내 감정이 가라앉을 때까지

그냥… 속이 타들어 가서 가슴이 답답하면
시원하게 찬물 원샷
뜨거웠던 내 슬픈 감정이,
찬물로 불이 꺼질 때까지

오늘 같은 하루도,
힘들었을 너에게,
나에게,
말해주고 싶어
"오늘도 힘들게 잘 버텼줘서 고맙다고"

짐이 너에겐 거북이 등껍질처럼 위태롭게 걸어가는,

아빠게는,
아빠게는 자고 있아가는 나를 보며,
아빠게는 웃으며 잠이자는구나…

언젠가, 그날이 오게 되면

누구나…
처음은 서툴고 그런 거라고… 말했다
소극적으로 살지 말고…
적극적으로 살으라고 말했다

속으로만 참지 말고…
당당하게 말하라고…
그렇게 말해주셨다…

신발끈 묶는 것조차 서툰 나지만,
조금씩 묶는 연습을 하다 보면
언젠가 스스로 누군가의 도움 없이도…
잘 묶을 수 있게 될까…?

언젠가 스스로 누군가의 의지 없이도,
나 혼자 잘 살아갈 수 있을까…

신발끈 묶기는 마치 인생 같다
처음은 힘들고… 지치고,
어렵게 느껴지다가도…

남들이 쉽게 하는 것을 나는, 못해서
길을 헤매고 방황하고 있을 때,
남들과 맞춰 걸어야 하는데…

난… 굼벵이라 한걸음, 한걸음이 느려서,
남들보다 뒤처질 때도,
생각처럼 안 돼서 서러울 때도 있지만
하다 보면 익숙해질 날을, 기다려 본다…

더 나은 미래가 있기를

오늘도 힘겹게 일어나
아침을 맞이하고
하루를 시작하는 나와, 당신

살아가는 게
버티는 게,
어쩌면 힘든 걸지도 몰라

그런데도, 우리는 이렇게 또,
살아가

힘들 때는 울어도 돼
아무도 없는 데라도 좋아

나만이라도, 내 감정을 솔직히 털어놓자
"다 큰 애가 울기나 하고"
그런 소린 하지 말아줘…
몸은 성숙하다 해도,
정신은 아직 어리숙하다는 걸,

"뭘 잘했다고 우는 거냐"

그런 말 하지 말아줘
그런 모순적인 말들이
내 가슴에 상처가 생겨나 버리니깐…

슬프니깐,
그런 기분이니깐 우는 건데
이상한 세상이야

사람의 역사를 '인생'이라 한다면,
그동안 과거들도,
오늘을 살아가는 우리들도,
오늘을 살아간다면
더 나은 미래가 있기를 바래

그게 아무리 힘든 인생이더라도
내가 버티며, 살아가는 이유야

제6부

눈물,
흘려도 괜찮아

눈물

마음을 독하게 살아야,
이 험난한 세상을 살 수 있다는 게,
조금 서글퍼지네

그러면 눈물 많고
툭하면 우는
약한 나는 어떻게 살아가야 할까

잘나서 우는 게 아닌데
감정이 터져버려서
나도 모르게 나오는 게,
눈물이라서,

일이 잘 안 풀려서
우는 일도,

꾸중들어
우는 일도,

눈물은 닦아도, 계속 흘러나와
감정을 다시 주워 담고 싶은데,

줄을 수가 없어,
그 감정만 기억나서
통째 껴

시간이 지나며, 엳얼어지면 기억

내 자신아,
날 좀 위로해 주면 안 되겠니

가면 속 너머엔,
눈물이 주르륵 흘리고
웃는 스마일 너머 가면 속엔
무표정을 한 네가 있어

이젠 웃어야 될지
울어야 할지, 모르겠어
웃으면 복이 온다는데, 난 아니야

멋쩍어서 바보같이,
눈치 없이 털털 웃어도
나 혼자 바보같이,
해맑게 해실해실 웃어봐도…
웃어지질 않네

가면을 벗어던져
오열할 만큼 눈물을 펑펑 울고 싶은데
난 가면을 차마 던지지 못하겠어

밝게 웃고 싶어
근데 '밝게'가 안 되네…

우울 속에 삼켜져 버린 나
그 심연 속에 웃음이란 가면을 벗으며,
추락하는 나
그 속에 울고 있는 내가 있어

거울 너머
이 폰 화면 너머,
"내 자신아, 날 좀… 위로해 주면 안 되니…"

슬픔을 억누를 수 없을 때

갑자기 느끼는 슬픔을
억누를 수 없는 내가,
한심해

항상 밝은 척하려 애써봐도
내 안의 어둠이
나를 감싸 커져가는 걸 느껴

사실, 밝은 웃음 속에
눈물 흐르는 사람의 심리는,
아무도,
겪어본 사람들만 알겠지

항상 웃어 보이려고 애쓰는 중이야
밝아 보이려고 노력 중이야

내 안의 어둠들을 잠재우고
가면을 쓰며 학교를 가고 있어

가끔은 슬픔을 드러내고 싶어
내 안의 우울들을 내보내고 싶어

하지만 학교에선 그럴 수 없으니깐

나는 입술을 꾹 다문 채,
슬픔과 우울을 겨우 힘겹게 다스리는 중이야
그런데도 참을 수 없을 땐,
속으로 울고 있었어

사람들 앞에서 눈물 보이지 말아야 하지만
가끔, 그럴 때 있잖아
눈물을 보이고 싶은 날

근데, 난 사람들 앞에서 눈물 참는 게 익숙해졌어
앞에서는 애써 웃고 있지만
뒤돌아서면 참았던 눈물이 나와

주체할 수 없이 우울한 생각에 잠식당해서
자꾸만, 눈에서 눈물이 흘러나올 때마다
이제야 내가 울고 있다는 걸 자각하게 돼

듣기 거북한 말들을 들을 때마다,
내 마음에 비수가 꽂혀가도

어제 용는 내가 안죽으니

칼으로 티를 안 내려 하지만,

죽으로 올 것는 다…

억지로 웃을 필요 없어

세상이 애초에 아름답고 밝았다면…
마음속으로 우는 우리들은 없었겠지…

힘들게 바쁘게 하루 하루를 버텨가며,
살아가는 이유가, 대체 뭐야…

속으로만 우는
나 같은 찔찔이들에게,
하고픈 말
"울어도 되니깐,
시원하게 울면 조금은 괜찮아 질려나…"

내 목소리, 내가 듣기만 해도
전혀 내 목소리 같지가 않아서,
이쁜 목소리가 아니라서 죄송해요…

그냥… 오늘따라 더, 더 많이,
울고 싶어졌어요…

애써 웃는 게 싫어요…
억지웃음 지어봤자 나오는 건,

억누른 눈물뿐인데…

그냥… 행복을 원해요…
오늘같이 하루가
바쁘게 살아가는 나도, 당신들도

여전히 상처받고,
하루종일 우울해하고
울보처럼 울어버려도

아름답지 못한 세상 속에서,
계속, 계속…
살아가는 우리들이야

세상은 애초에 아름답지도,
밝지도 않으니깐
억지로 웃을 필요 없다는 걸

부디
알아줘…

눈물은 마음의 약함

차라리, 감정이 없고
눈물도 없고
피도 눈물도 없는 사람이 되고파

그랬다면…
"넌 너무 마음이 여리다"
라든지
주변에서 눈물을 이상하다는 듯
안 바라보면 좋겠다…

힘들 때
피곤할 때
눈물이 안 나오면 좋을 텐데…

우울하다…
남한테, 심지어 가족들한테도
눈물을 흘릴 수 없는 이상한 현실

눈물을 나도 모르게 흘려도
피곤하다는 핑계로
눈물이 나온 거라 해도

또 한소리 들으면
또 우울에 빠진다

당신은 눈물이
마음의 약함이라고 생각하는가…?
어른이 되어간다 해도
눈물은 마를 틈이 없는데
누군가 나를 감정 컨트롤 좀 해주면 좋겠네…

난 눈물을 참으려 해도
눈가엔 벌써 많은 감정이 섞인
눈물 한 방울이 맺혀서 흐른다

이 이상한 세상 속을 사는 나도, 당신도
눈물을 흘리며
버티며, 어떻게든 살아가는 걸까…

눈물뿐이라 죄송해요

"억눌러도 나오는 건
눈물뿐이라 죄송해요"

참아야지… 참자…
타일러도 내 의지와는 상관없이
볼에 눈물이 스륵 타고,

내 마음의 무언가가
멍이 든 것처럼 아픈 것 같아서,
마음이 불이 난 것 같아서

마음이 답답하고
갈증이 나, 찬물을 먹어도
사라지지 않는
"하아…"
한숨과 슬픔과 우울감

걱정해서 하는 소리가 왜, 나에겐,
마음의 상처의 소리로 들리는 걸까…
'나도… 마음을 독하게 먹고 살고파'

눈물이 마음속에서 솟는,
양지에도 풀지 않는
가슴을 풀 녹여아가리고 피어…

이젠, 어린애가 아니니깐

언젠가는 나도
혼자 이 세상을 살아가겠지…
아직은 막막해 보여
두렵기도 해

지금 생각해 보면
어릴 때가 참 좋았었는데
어른이 점점 되어가는 건,
무서운 것 같아
나 혼자 잘 살아갈 순 있는 걸까…?

언젠가 졸업하면 독립해야 하는데…
벌써부터 쌓여가는 걱정들에
벌써 한숨 쉬는 중…

하고 싶은 것만 하고 살며
살 순 없다는 말에,
그게 가끔, 그 말들이
내 비수에 꽂혀오는 것 같아…
어른이 되면 잃는 것도 많을 것 같아…

하라는 대로 살아가면 편하겠지만,
내 인생은 과연…
"행복해질 수 있을까…?"

하고픈 건 많아도,
하고픈 게 없다는 게…
슬픈 거야…

가끔, 눈물이 나와도,
눈물 흘린 거 아니라고 숨겨야만 해
'이젠… 어린애가 아니니깐…'

애써 밝은 척, 눈물 애써 억누르고
웃으면…
더, 눈물이 나오는 건…
울컥, 나오는 감정 때문일지도…

나잇값을 못하는
어른이 되어가고 있어

"하아…"
숨쉬기 힘들면,
한숨 크게 쉬어도 돼…

나이가 먹은 만큼,
내 나잇값을 하라는 소리가,
나에게는, 간섭으로 들려

만화를 좋아하는 게…
나잇값을 못한 내가 잘못인 걸까…
"너도 나이가 어린 애가 아닌데,
언제까지 그렇게 살 거냐"
라는 말이,
나에게는 비수같이 들리는 걸…

한소리 듣고
혼자 방에 처박혀 슬픔을 토해내고
"하아…"
한숨을 내쉬어

나는 오늘도,

자기감정 컨트롤 중…
살아가는 게, 살아가는 게
가끔은 힘들지…

어른들이 왜 만화 싫어하는지 모르겠어, 난…
난 힘들 때 보는 내 유일한 낙인데

난 앞으로 나잇값을 못하는 어른이,
되는 걸까…
그건 싫은데…
나는, 나잇값을 못하는 어른이 되어가고 있어

여름의 눈물

갑작스러운 우울이 덮치는 계절
되는 일이 잘 안 풀린다고,
나는 쉽게 스트레스를 받는다

쉽게 열이 받아 우는 난,
울보일지도 몰라…

나처럼 스트레스받아 짜증이 나서
마음에 열이 쌓여,
마음이 답답해져서

울고 싶으면, 울어도 돼
마음의 응어리를 풀려면,
이게 최선인 걸

남들이 보기엔,
갑자기 우는 것처럼 보여도,
더워서 땀이 흐른 거라고 하자
이렇게라도 핑계 대야 감정을 울 수 있는 걸

나는…

알 수 없는 기분에
알 수 없는 눈물이 흐르는 거,
'여름의 눈물'이라 하자

"난 우는 게 아냐…
그냥… 땀이 흘러서 그런 거뿐이야…"

울고 싶을 때, 울어도 돼요

.

가끔 나도 모르게 눈물이 나오는 경우,
다들 있지 않나요…?

육체적, 정신적으로 힘들 때,
스트레스가 쌓이고 쌓여서,
감정이 폭발해서

속으로 집에 가서
방에서 울고 싶다는 생각,
해본 적 있나요

마음 놓고 훌쩍이고 싶은 날, 그렇지만,
사람들 있을 때는
마음 깊이 그 감정을 숨겨야만 해요

그게, 어른이 되어가는 과정이고
세상을 살아가면서
남에게 내 눈물을 보이면 안 되고,
힘들어도 안 힘든 척, 애써 웃으며
가면을 쓰고 살아가야 해요

눈물을 참으면, 감정이 무뎌져요
버스정류장에서 버스 기다리다,
나도 모르게 눈물이 나오는 거,
피곤해서 눈물이 나오는 건가
그렇게 생각하면서

나도 모르게 눈물이 나고
나도 모르게 자기변명을 하는 자신,
울고 싶을 때는 울어야,
감정을 토해낼 수 있는데
눈물 나오는 것조차 자기합리화를 하게 돼요

오늘 하루가 길고 힘들게 느껴져서,
날씨의 따사로움에 지쳐서,
왠지 모를 우울감에 사로잡혀서
울고 싶어질 때, 울어도 돼요
오늘 하루도 수고했어요

제7부

인간관계에 지친
너에게

관계 속에 나는

난 항상 관계가 어렵다
인간관계든, 친구관계든
뭔가 관계라는 것은, 복잡하고 얽혀 있고

그저, 그 관계 속에서 내가 할 수 있는 건
바라보는 것밖에 못해서
그 관계를 그 안에 나를 있게 하려고
나는 그저, 애써 웃고 있어

웃고 반응하는 게, 조금씩 지쳐도
너희들 앞에선,
힘든 기색을 드러낼 순 없어서
그래서, 더욱 웃고 싶었어
쉽게 우울에 빠지는 내가, 싫어

가끔씩 힘이 들어 울고 싶을 때,
속으로 나 자신을 애써 위로하고
우울해도 나 혼자 우울해지는 게 맞는 것 같아
혼자 우울해하며
홀로 울고 있는 게 익숙해져 가

친구들이랄 것이 있으면 재밌지만,
그만큼, 외로운 감지도 들겠다.

시선들

있잖아, 나도 모르게
사람들의 시선이 두렵고, 무서워

의식하지 않으려 애써봐도
사람들이 나를 쳐다보는 시선
난 너무 싫어

어색하게 혼자 폰질하는데,
느껴지는 시선들
피할 수가 없어

숨 막혀 답답해서,
숨조차 못 쉴 것 같아
어쩌다 사람들이랑 눈 마주치는 게 어색해

혼자 폰질하려고 노력해 봐도
주위의 시선들이, 난 싫어

자꾸만, 부자연스럽게 돼버려서,
나 자신이 한심하게 돼버려서
남몰래 한숨을 쉬곤 해

학원 쌤이 나보고 사회성을 기르래
혼자 사는 세상 아닌 거 아는데,
아는데도… 혼자일 때가 편해졌어

혼자가 편하지만,
이 외로움은 어떻게 해결 못하겠지만,
난 사람들과 쉽게 잘 어울리질 못해서
친구가 곁에 있다 해도,
그건, 일시적인 거겠지

이 외로움을 잠시라도 잊을 수 있도록,
부자연스럽게 웃는 게 나다워,
자연스럽게 웃는 사람들이 난, 부러워

낯가림의 소녀

사람들 앞에 똑바로 마주 서서,
내 이야기를 하는 게 너무 싫어

애들 앞에서 내 이야기 발표하기 싫어
발표 울렁증이 다시 도졌어
"어쩌지…"

발표 앞에선 몸이 경직되는 것 같아
애들 앞에 시선들 난, 두려워

나, 어릴 때부터 시작된 불치병
그건 고치고 싶어도, 고칠 수 없어

낯가림이 남들보다 심했던 소녀는,
이젠 발표 울렁증으로 고생해

한번 발표하면, 좀 후련해질 줄 알았어
근데 아니더라…

미치도록 민망하고,
부끄러워 죽는 줄 알았어

요즘 말로 현타 왔다고 하면 될려나

갑자기 급 자괴감이 들어
남몰래 한숨을 쉬어,

마음속으로 불평해도,
아무도 알아주지 않아

누군가 툭 하고 건들면,
눈물 나올 것 같아…
이 기분, 어떻게 말로 표현 못해

내가 원래 그래
내가 원래 감정기복이 심한 사람이야
부디, 이해해 줘

갑자기 울컥 슬프다 싶으면,
눈물부터 나오고,
갑자기 울컥 자괴감과 열등감에 빠져,
우울한 생각하며 눈물 질질 짜
물론 행복하면 웃을 때도 있지만,

그건 솔직히 까고 말해 극소수에 불과해

행복한 일들보다 절망을 느끼다
불행한 일들이 더 많다고 생각해

미안…
그냥… 이런 글 쓰고 싶어서
어쩌다 이렇게 글 썼나 싶지만,
어두운 내용이지만…

오히려, 이런 게
사람들의 마음이 공감하지 않을까 생각해

세상에 아무도
내 편이 없을 것 같을 때

세상에 아무도 내 편 없다고 느낄 때,
제일 슬픈 것 같아…

내 편 없을 것 같다 생각할 때면,
울컥 눈물 나올 것 같아…

요즘 따라 왜 이리 살기 힘들어서
나중에는 어떻게 살려 그러나…
몰라… 어떻게든 되겠지…

현실도피 자꾸만 하고 싶어져, 어쩌지…
요즘 느끼는 내 세상은 뭣 같아서,
요즘 내 기분도 뭣 같아서…

솔직히 까고 말해,
이 세상에 내 편 몇 명은 개뿔…
있어도 몇도 안 될 게 분명해…

나는 뒷담화보다 앞담화를 제일 싫어해
물론 뒷담화가 제일 기분 나쁘겠지만,
나는 앞담화가 싫어

내 앞에서 친구에게 뭐라고 말할 때마다,
나는 그냥, 멍때리다 아무 말 없이,
나는, 듣고만 있어

아무 내색 없이,
정색하지 않게
눈물 꾹 참으며, 애써 표정관리해

그때마다 마음에
상처가 늘어나는 것 같아

알아…
나도 내 자신이 답답한 거 알아…

중학교 때부터 항상 들은 말
내가 답답하대
내가 눈치 없대

친구가 내 앞에서 말한 적 있어
그래서 알아…

그때 느낀 감정이 다시 살아나고 있어
왜 굳이 내 앞에서 말하는 건지
같은 소리 왜 두 번, 하는 건지 모르겠어

다시는 친구관계가 중학생 때처럼 되고 싶지 않아서,
비위 맞춰가며 호응해 주며, 살아가
그때의 안 좋은 추억 따위 빨리 잊고 싶어, 다
다 잊고 싶어

간섭 속에서

아무도 내게, 간섭하지도,
잔소리하며, 화내는 것도
하지 않으면 좋을 텐데
라고 생각하며,

괜히 억울하고, 짜증이 나서
깜깜한 방에서 혼자 소리 없이 우는 게 고작,

주말에 늦게 일어난다고
깜깜한 데서 폰한다고 뭐라 하는 것도…
화내는 것도 이해가 안 가고,

날, 걱정하는 건지, 화내는 건지
그 중간의 경계에서
나보고 뭐라 하는 그 소리가
너무도 듣기 싫어

그 소리가 날 짜증나게 하고,
우울하게, 슬프게 해

힘낼 거야

사람들이 하나둘씩, 사라져가
내가 점점 싫어져서 그러는 걸까
이런 고민해 봐도,
우울하기만 한 걸

겉모습은 웃으면서,
괜찮은 척하고 있지만,
역시, 씁쓸하네

나는 항상 혼자였었어
항상 외톨이로 지내왔었어
그래도 외롭지 않다고,
나 자신을 세뇌하고 있었어

힘들 때마다,
위로해 주는 사람들이 있어서
행복했어, 행복했는데
점점 내 곁에는 사람들이 사라져가는 걸 느껴

그러다가 이제는,
진짜 혼자가 될 것 같은 두려움에 불안해

이런 감정을 기분을 느낀다는 건,
그동안 받은 사람들의 정 때문인 거겠지

그래서 공허한 거겠지
공허한 마음을 다시,
마음을 다잡고, 일어날 거야

언젠가, 나는 또 주저앉아 버리겠지
하지만, 다시 일어날 거야
많은 사람들의 힘을 받고, 있으니깐

제8부

무기력과 우울함

무기력해

요즘 들어,
몸이 너무 힘들어

뭐만 하면 힘들다고 투덜거리는 나지만,
요즘 따라 몸이 무기력해졌다는 걸 느껴

몸에 힘이 잘 안 들어가
쉽게 기절하고
계속 누워만 있는 나야

내가 체력을 길렀었다면
이런 뭣 같은 무력감은 오지도 않았을 거야

요즘 들어 조금만 먹어도 소화가 안 돼
끅끅거리고 있어

미칠 것만 같아
내 몸이 점점 나빠지는 것만 같아

벌써부터 체력 딸려, 누워만 있고
벌써부터 온몸이 기 빨려

힘 빠진다는 소리만 하는 나이지만,
어쩔 수 없잖아, 어쩔 수 없잖아

자고 일어날 때 일어나려고 조금만 움직여도,
관절소리가 나와
아프지만, 뭐 참아야지 하지만
몸이 너무 힘든가봐

하긴 내가 체력 저질이긴 해
방학 때 운동해서
체력 좀 기를까 다짐하고 있어

모두들,
나처럼 온몸 아프지 않았으면 좋겠어
힘들더라도, 버텨내 볼게

갑자기 시작된 우울은

갑자기 시작된 우울은,
멈출 수가 없어
미칠 것 같아

갑자기 시작된 눈물은,
그치지 않아…
미칠 것만 같은데 어쩌지…

이런 기분
이런 감정
뭐라 설명할 수가 없어…
뭔가가 자꾸 울컥하게 만들어…

왜 이리… 속상하고
마음이 애타는 느낌인지…
나도 나를 이해할 수가 없는데…
요즘, 왜 이리 예민해졌는지 나도, 몰라…

그치만, 갑자기 자꾸 화가 나고 슬프고
그렇게 이상한 기분을 느끼는 중이야
혼자 방에서 울면서 기분 푸는 게 전부인 걸

이런 늦은 시기에 뒷북 치듯 뒤늦게,
사춘기라도 온 걸까…
그래도 울면 기분이 풀어져 버리곤 해

그러곤, 조금 지나면…
우울했던 기분도 없어질 텐데…

내가 이상한 걸까

새벽 아침의 하늘은,
아직 해가 안 떠서
마치 무채색 세상 같아

어떻게 보면,
회색빛 세상처럼 보일 때도 있어
그런 하늘을 보는 나는,

봉고를 타며
스쳐 지나가는 풍경을 보는 나는,
그저, 멍하니 쳐다볼 뿐이야

아침부터 한소리 듣고
감정을 조절 못하고
갑자기 울분을 터지는 내가, 이상한 걸까…

그런데도, 아빠 앞이니깐
숨죽여 몰래 살짝,
눈물을 흘린 내가 이상한 걸까…

그래서 혼자 엘리베이터에서 오열하는,

내가 이상한 걸까…

아직, 가시지 않은 감정은 그대로인 채
나는, 가만히 앉아서 봉고차를 기다려

나는 한번 울분 터지면, 꽤 오래 가는 편이야
나는 한번 감정이 터지면, 줍기가 힘들어서
눈에선 눈물이 나와
자꾸만 눈물이 나와

있잖아,
가끔은 내가 왜 살아가는지 모르겠어
그냥… 모르겠어…

그냥… 이 세상은 나에겐 참 뭣같이 느껴져서
살아갈 이유조차 모르고,
계속 살아간다는 건 참…

불운한 인생이야
참으로 불행한 인생인 거지
그런 생각할 때쯤, 어느새 학교에 도착했어

자기감정 컨트롤

요즘 뭔가 되는 일이 없다고,
금방 우울해하고, 속상한 감정에
짜증을 내기도 하고
오늘따라 울고 싶어지는 날

내 감정을 맘대로 컨트롤이 안 될 때
사람들 없는 방구석에서 혼자 소리 지르고 싶을 때
가족들이 없는 내 방에서 혼자 훌쩍이며 울고 싶을 때

그냥… 감정을 자기 마음대로 컨트롤하기란,
너무 어려워서…

울고 싶을 때 울고
소리 지르고 싶을 때는 소리 지르고
웃고 싶을 때, 웃는 게 낫지 않을까
생각이 드는 요즘

투덜투덜대도 좋으니,
자기감정에 솔직해지고파

몸과 마음이 힘들 정도로

달리고 달렸다,
잠시 숨 돌리며,
잠시 쉬는 것도 괜찮아

강한 사람

하루하루 묵묵히 살아가다 보면,
세상은 좋은 일만 일어나는 게 아니라고,
생각할 때도 있을 거야

묵묵히 살아가는 게,
지쳐서
힘들어서
살기 싫다고 말해도,
"살아가"라고 말하고 싶어

물론, 나도 힘들지만
"분명, 살다 보면
안 좋은 일도 생길 거야
하지만, 분명
좋은 일도 일어날 거라고"

그렇다고 말하고 싶고,
그렇게 믿고 싶어

살아가는 내내,
우울과 슬픔에 찌들어 버린 인생은 분명,

불행, 그 자체지만
힘들어도 네가 극복했으면 좋겠어

사람은 너무나도 나약해서,
금방 우울과 슬픔이 덮쳐도
그걸 이겨내는 사람은 분명,
강한 사람일 거야

아메리카노의 우울

처음 일하게 된 곳은 이비인후과
두 번째는 소아과에서 일했던 나였다
나는 나름 열심히 일했다고 생각했지만
직원들은 그렇게 생각 안 한 모양이었다

원장님에게 들었던,
미안하지만 오늘까지만 일하라는 말
애써 앞에서는 웃었지만…

퇴근하고 집 가는 길에
감정이 무너져 버렸었다
엉엉 울어버렸다

가면을 벗고 밖에서 울어버렸다
참지 못했던 그날의 감정,

이번에는 다른 업계에서 일을 구했다
아직 신입이라 미숙하고 서툴기만 했다
내가 할 수 있는 선에서 열심히 했다고 생각한다

하지만 오늘,

비슷한 데자뷰를 느꼈다

"이 업계는 계속하면
내가 상처를 받을 수도 있다
드센 사람들이 많아서,
나중에는 사람이 싫어질 수 있다"

걱정된 어조로 말씀하시는 팀장님의 눈에는
걱정과 두려움이 뒤섞여 보였다
같은 데자뷰였지만 살짝, 달랐다

오늘까지만 하고 그만두라는
갑작스런 말이 아닌,
내 의견을 듣고 싶다는 말이, 처음이라
"모르겠다"고 답을 할 수밖에 없었다…

머릿속이 혼란스럽고 답답하고,
그때의 상황과 겹쳐 보여서
왠지 모를 우울이, 나를 덮친다…

'죽고 싶다'

말만 중얼 중얼…

내가 못 미더워서 그런 걸까
애초에 내 성격이 문제였던 걸까…
그런 생각만 계속하면,
우울의 감정 소용돌이에 빠져
우울한 생각만 하게 되고,
눈물이 나오는 이유이다…

그 감정이 들면 목이 타고,
목이 타기 때문에,
눈물이 나올 것만 같았다

그래서 아메리카노를 계속해서 마셨댔다
아메리카노를 마시지 않으면,
내 자신이 무너질 것 같아서

슬픈 감정을 드러내지 않게,
난 아메리카노를 마셨다

복잡한 생각들과 함께,

어머니가도 활 같은 모금
우동열도 눈 모금, 마셨다

행복한 상태

아무것도 하기 싫음의,
무기력함을 느껴

세상 사람들의 나는,
어떤 모습으로 비쳐 보일까,
라는 생각이 문득 들어

하늘이 흐린 나날들
나는 흐린 생각을 하며
멍때리거나, 우울한 생각해

여전히, 나는 어리석은 인간이라
불안정한 사고에 가로막혀
누군가가
"행복한 세상 따윈, 없어"
라고 말하면, 난 슬플 것 같아

사람들은 항상 화난 상태야
사람들은 항상 슬픈 상태야

뭔가 이상함을 느껴

뭔가 잘못됐어
"이건 아니야"
라고 혼잣말해

내 바람은
"사람들은 항상
행복한 상태였으면 좋겠어"

수동적 인생을 살아가는
로봇처럼

이대로 살아가야 하는 걸까…?
나는 항상 수동적 인생을 살아가야만 해…

능동적 인생은 용감한 사람만 살 수 있어
난 겁많은 겁쟁이에, 소심쟁이니깐,
더더욱…

엄마, 아빠가 하라는 대로 살아가는 게…
나에게는… 정답일지도…
하고픈 게 있지만…
엄빠에게, 그저…
취미라고 말할 뿐…

하고픈 대로 살아가고 싶은데…
그렇게 살아갈 수 없음에…
"너무… 서글퍼…"

취업만 잘 된다고 해서…
모두가 과연…
"행복해질까…?"

"난 모르겠어…"
뭐가 정답이고, 오답인지

난 울타리 생활이 편하니깐…
이것, 또한… 순응해야 하는 게…
인생의 모순이지…

복잡한 마음을 안고,
살아가는 게
어쩌면, 나는…

거역하고 자기 마음대로 살아가는 사람을…
"동경하는 걸지도…"
로봇처럼 수동적으로 살아가

열등감과 자괴감이 들 때면

노력을 해봐도,
다른 사람들에 비해
나는, 속도가 느리다
그래서, 따라가기가 힘들고, 벅찰 때가 있다

다른 사람보다 더, 열심히 해서
겨우 겨우 걸어가고 있다
다른 애들은, 내가 천천히 걸어가고 있을 때
미친 듯이 뛰어가고 있다

그 애들은 노력도 노력이지만
머리가 좋아서 그런 거라고,
나는, 합리화하며, 뒤돌아 회피하고 말았다

세상은 열등감과 자괴감에,
둘러싸여 있는지도 모른다

열등감의 뜻은,
다른 사람에 비해
뒤떨어졌다고 생각하는 것
그러면… 어떻게 극복해야 하는 걸까…

라는 의문을 당신들에게 질문을 던지면서

자괴감의 뜻은,
스스로 부끄러워하는 마음…

난, 아무래도 나 자신을 부끄러워했던 걸까…
그래서, 자괴감이 들어 괴로워했던 걸까…

열등감이 있으면,
자연스레 자괴감도 따라오는 것 같다
마치, 단짝처럼…

열등감과 자괴감이 들 때면,
과감하게 열등감을 버리는 거다
그러면, 자괴감도 들지 않을 거라 생각한다

뒤떨어지면 그만큼
뒤떨어진 만큼
앞서가면 되는 거야

모르는 걸 물어본다는 게

모르는 걸 물어본다는 게
그렇게 부끄럽고, 잘못된 일인 건가…?

난, 아직도 모르는 게 투성이고
호기심은 쓸데없이 많은 나

우리말 절반이, 한자로 이루어진 세상에서
아직도 낯설고 어렵게만 느껴지는 나

하지만, 모르는 걸 부끄러워해야 하는 걸까…?
모르는 걸 부끄러워해선 안 된다고 생각한다
그래야 모르는 걸 물어볼 수 있는 용기가,
생기기 때문이다

하지만, 아빠는 물어보지 말라고 한다
스스로 찾아서,
자기 거로 만들어야 한다고 했다
인정하기 싫지만…
아빠 말도… 맞는 말이다…

하지만 제일 속상한 건,

내가 모르는 단어 때문에, 한글도 모른다는
이상한 논리 때문에, 속상하고 화가 나는 거다

아빠의 말이 내 마음에,
상처라는 이름으로, 비수를 강하게 파고든다
그래서, 나는 모르는 게 있어도
물어볼 수 없는 상태가 되어간다

제9부

하늘이 주는 위로

밤하늘 씨에게 인사를 건네고

벌써 밤이 찾아오는
밤하늘 씨에게 인사를 건네고
어두운 밤하늘을 환하게 비춰주는
별님, 달님에게도
인사를 건네며
하루를 마무리 짓는 그대가 보여요

살랑살랑 불어오는 바람이,
간지럼을 태우듯
웃음이 나오네요

벌써 하루는 해가 져가고
해님은 아쉬운 듯이,
저물어 가는 붉은 노을빛이,
더 붉게 저물어 가는 밤이에요

붉게 물든 하늘을 바라보며,
노래를 흥얼흥얼 부르며
밤이 벌써 찾아온 여운을 다독여 주는,
그런 밤이에요

이쁜 하늘

오늘 하루 참 힘들었어
시간은 왜 빨리 지나가는 건지,
알 수 없지만

그럼에도 우린, 힘든 시간 속에서도
예쁜 하늘을 바라보는, 우리가 있어

노을이 살짝 질 때쯤,
핑크빛 하늘을 보면
괜히 내 마음도 좋아지는 것 같아

힘들었던 일들도, 이쁜 하늘을 보면
잊어버릴 것만 같은 기분이 들어

나만, 이쁜 하늘에, 분위기에, 취한 걸까
하지만, 어쩔 수가 없는 걸
이쁘게 물든 하늘이, 정말 좋아

봄비

힘든 하루 끝에
갑자기 내리는 봄비로 종착역 출구로, 나갈 때
주춤 느리게 가방 안에 우산을 꺼내어,
힘겹게 우산을 펴며,

어기적 어기적 힘든 숨을 쉬고, 내뱉으며
한 걸음 한 걸음…
거친 숨을 몰아치며,
나는 여전히, 계단을 걷는 중…

조용히 투욱 투욱…
우산 위에 떨어지는 빗소리
은은하게 뚝… 뚝…
떨어지는 게 듣기 좋아
빗소리를 들으며, 집 가는 중

빗소리 떨어지는 소리에 맞춰 흥얼거리다가
문득, 주변을 둘러보면,
많던 꽃잎들이 바닥으로 떨어져…

이제… 봄이 끝나간다며…

여름의 소나기와 장마를 벌써부터 걱정하는 중
난 은은하게 떨어지는 봄비가,
더 좋아…

달과 별

깜깜한 밤하늘에,
밝게 빛나는 달을 보며
왜, 자꾸…
밤하늘의 달을 바라보게 되는 걸까…?

세상이 어둠에 잠겨도,
맨 아래의 우리까지에게도
빛이 보여
항상 우리들을 환하게 비추는 저 달이
너무, 좋아해 버렸어…

난, 정열적인 태양보다는,
은은하게 비추는 달이 더 좋아

손을 뻗으면, 닿을 것 같은 달은 사실,
우리가 닿지 못하는 하늘에 떠 있어

달은 저 멀리 있어서 아름답다 그래
그래, 그럴지도 모를 일이야…

깜깜한 밤, 홀로 밝게 떠 있는 달은,

외로움쟁이라고 다들 말해

사실, 밤하늘을 유심히 보다 보면,
희미하게 밝은 수많은 별이 있다는 걸,
부디, 기억해 줘…

"달은 혼자가 아니라고"
"달은 외로움쟁이가 아니야…"

하늘에 가려버린 별도,
도시에 있는 대기오염 속에 숨어버린 별도
같은 세상, 밤하늘에 수많은 별들이 있다는 걸,
기억해 주길 바래…
달은 결코, 혼자가 아닌 걸 알아줘

지친 하루 속,
밤하늘의 그런 달과 별들을 보고
너는 미소 지으며, 하루를 마무리하지

Rain Rain 여름비

새벽 밤하늘, 잠은 자야 하는데
잠은 안 오고, 괜히 비 오니깐
자꾸 감성적으로 변해

툭 툭 튀는 빗방울에, 귀 기울이게 되고
기분 좋게, 적신다

Rain
Rain
여름비가 주룩 주룩,
여름이 오네

雨
雨
雨
비가 계속 내리는,
여름비가 시작해

제10부

살아가야만 해

살아가 줬으면 해

슬픔은 또 다른 누군가의,
슬픔으로 번지고, 번져서
온 세상이 깊은 슬픔에 빠진다, 해도
나는, 슬프더라도 슬프지 않을래

터져 나오는 눈물을 꾹 참으며
슬픔에 잠긴 눈물에,
젖은 듯한 시선으로
나를 쳐다보는 시선 속엔,

너무나 깊은 슬픔과 죄책감에,
두려워하는 듯한
저 떠는 눈은 초점이 안 보여서
그래서, 네가 위태로워 보여서…

슬픔에, 깊은 슬픔에
너의 슬픔은 더욱 심연 같아서, 너무
잡기엔 너는 가라앉듯 계속,
슬픔의 심연 속에 가라앉아 버려서

그래도, 난 너를 구하고 싶어서,

너의 깊은 슬픔 속에 들어가서
너의 슬픔을 헤아리고
너의 슬픔을 이해하고
너의 슬픔을 공감하면서
너의 손을 마주 잡고
너와 조용히 이야기하고 싶어

난, 네 이야길 계속 들으면서…
진심 어린 따스한 위로를 해주고 싶어
"너도 그동안 힘들었지…?"
"울고 싶으면 울어도 괜찮으니깐…"

비록, 떠나간 이들이
네 마음에 깊게 이어져 있어서
힘들고
슬프고
울고 싶을 때가 있을 거야…

오늘같이 비가 거세게 오는 날,
넌 더욱 기억하며,
슬퍼할 것이라는 걸 알아…

힘든 만큼, 독하게 악을 쓰고
버텨주면 안 될까…?
네가 힘들다는 걸 아는데도…
이런 무리한 부탁을 하는 걸, 아는데도…
난, 네가 꿋꿋이, 밝게 살아가 줬으면 좋겠어

이별한 이들은, 네 마음속에,
살아가고 있다는 걸 알아줘
그리고, 알아줘…
네 탓이 아니라고…
"그러니깐 살아가 줬으면 해…"

오늘과 내일을 살아가는
우리들은

오늘을 살아가는 우리들은
오늘을 살아가고,
내일을 살아가는 우리들은
내일도 살아가

누군가는 하루가 고달프고, 힘들다고
인생이 살기 힘들다고
투정을 부리는 세상 사람들
그중에는 나도 그런 사람들 중 한 명이야

그래도,
오늘과 내일을 살아가는 우리들은
힘들더라도, 우리는 살아가야만 해

누군가가 말해
인생은 아름답다고
하지만… 현실은 고달픈 인생이야
그럼에도 우리는 이런 그지 같은 세상에서
오늘을 살아가고, 내일을 살아가며

오늘도

그때 스승이 다솜이에 정아가

"축 졸업이."

내 삶의 중심 잡기

사소한 거로 나는 왜,
감정 조절이 안 되는 걸까…
누가 나 좀 컨트롤해 줘…

내 지뢰 같은 말 밟는 순간,
눈물이 툭…
먼저 나와
감정이 툭
올라가…

그래… 나 사실 히키코모리일지도 몰라…
하지만… 막상 그런 비슷한 말 들으면,
내 기분 불쾌해…
인정하기 싫었어…

햄버거가 무식하게 큰 게 잘못인 거야…
나는, 잘못 없어
먹기가 불편할 뿐인데
왜 내가 그런 말을 들어야 해…

눈물 흘린 채,

꾸역 꾸역 햄버거 먹는 중
자꾸, 내 나름대로 노력을 했는데도
"건성건성하지는 마"
라는 말이 너무 억울하게, 들리는 게
억울해서…
내 나름대로 따라 하고 노력하는 중인데

죄송한데… 저도 따라 하기가 벅차서
노력하는 중인데…
제가 누굴 가르칠 역량이 안 돼요…

요가 가는 중, 날씨가 살짝 더워서
내 기분도 더움
인생이 너무 그지 같다고
살기 너무 힘이 들다고,
생각하며, 걷는 중…
휘청 휘청…
중심 잡기가 너무 어려워…

다리에 살짝 힘을 줘서 버티려 해도
다리가 부들 부들거려…

다리에 힘이 풀렸어…

나만 중심을 못 잡는 것 같아…
나도 중심 잡고 잘하고 싶어…
다른 사람들보다 느려도 좋으니깐
살아가고 싶어

살고 싶지 않아의 반대는
살고 싶다래…

오늘 하루도
잘 버틴 그대에게

오늘 하루도, 힘들고 피곤하다며
내 자신에게 불평을 늘어놓으며

오늘 하루도,
그렇게 버텨가며 하루 하루
살아가는 그대에게
"오늘 하루도 잘 버텼어"
"오늘 하루도 수고했어"
라며 말하며

거울 속에 비치는, 또 다른 내 자신이
오늘 하루 참 힘든 하루였죠?
삶의 피곤에 찌든 그대에게, 알려주고파
"그래도 언젠가, 그 찐득찐득한 피로에 찌든
오늘 하루가, 하루 하루 쌓여져서
나중엔 당신에게
좋은 하루가 될 수 있도록 한 거임을"
알아주길 바라

오늘도, 힘든 하루 보냈을 그대에게
오늘 하루도 잘 버틴 그대에게

"오늘 하루도 수고했어요."
라고 말하고 잠이 들어요.

당신이 살아가야 할 이유는

당신이 살아가야 할 이유,
그건 많고 많은 이유가 있지만,

당신이 살아가야 할 이유는,
당신의 생명은 가치 있고 소중하니깐요

함부로 죽음을 생각하고, 자해하면
당신은 살아갈 이유를 잃어갈 거예요

아무리 삶이 지치고 힘들고 고달프고
절망적이고, 삶이 우울하고
슬픔만이 존재하더라도
우린, 살아가야 해요
그게, 삶이, 세상이 준 평생의 과제이죠

이렇게 생각해 봐요
삶은, 세상은
지금 우릴 시험하고 있는 거라고요

우린, 그 시험을 치르고 있어요
도중 포기하는 게,

삶을 포기하고 죽음을 선택하는 것과 같아요
그러니, 우린 도중에 포기하지 말아요
끝까지 과제를 완수하자고요

자해를 한다는 건,
그만큼 힘들다는 거겠죠
하지만, 자해를 하면 할수록,
당신만 아플 뿐이에요

자기 스스로 상처를 내지 말아요, 부디
자기를 아껴주고,
오늘도, 나 자신에게 수고했다며
스스로를 토닥여 주세요

오늘도 힘든 긴 하루 잘 버텼다고
그 말 한마디에
더 살아갈 이유를 찾은 걸지도 몰라요

물론, 이런 말 하는 저도 힘들어요
하지만, 전 오늘도
하루 하루 버티며 살아가고 있어요

가끔씩, 외로운 기분이 들 때면 밤하늘의 달을 봐요
밝게 비추는, 환하게 우릴 비춰주는
달도 외로움쟁이라서,
항상 우리 곁을 졸졸 따라다니니깐요

수많은 별들이 있음에도,
외로움을 느끼는 달이,
나 같기도 하고 우리 같기도 해요

그러니 나 혼자라는 쓸쓸하고
외로운 기분이 들 때면
어둠 속에 환하게 빛나는 달을 보며,
난 혼자가 아니라는 생각을 해봐요

달은 강하니깐 외로움의 어둠 속에서도
빛나는 달을 보며, 달의 위로 속에,
오늘도, 살아가요

이젠, 더 살아가야 할 이유를
찾은 것만 같은 기분이 들어요

오늘을 마무리하며,
알들 보듯 제 내 안의 마무리이쪽